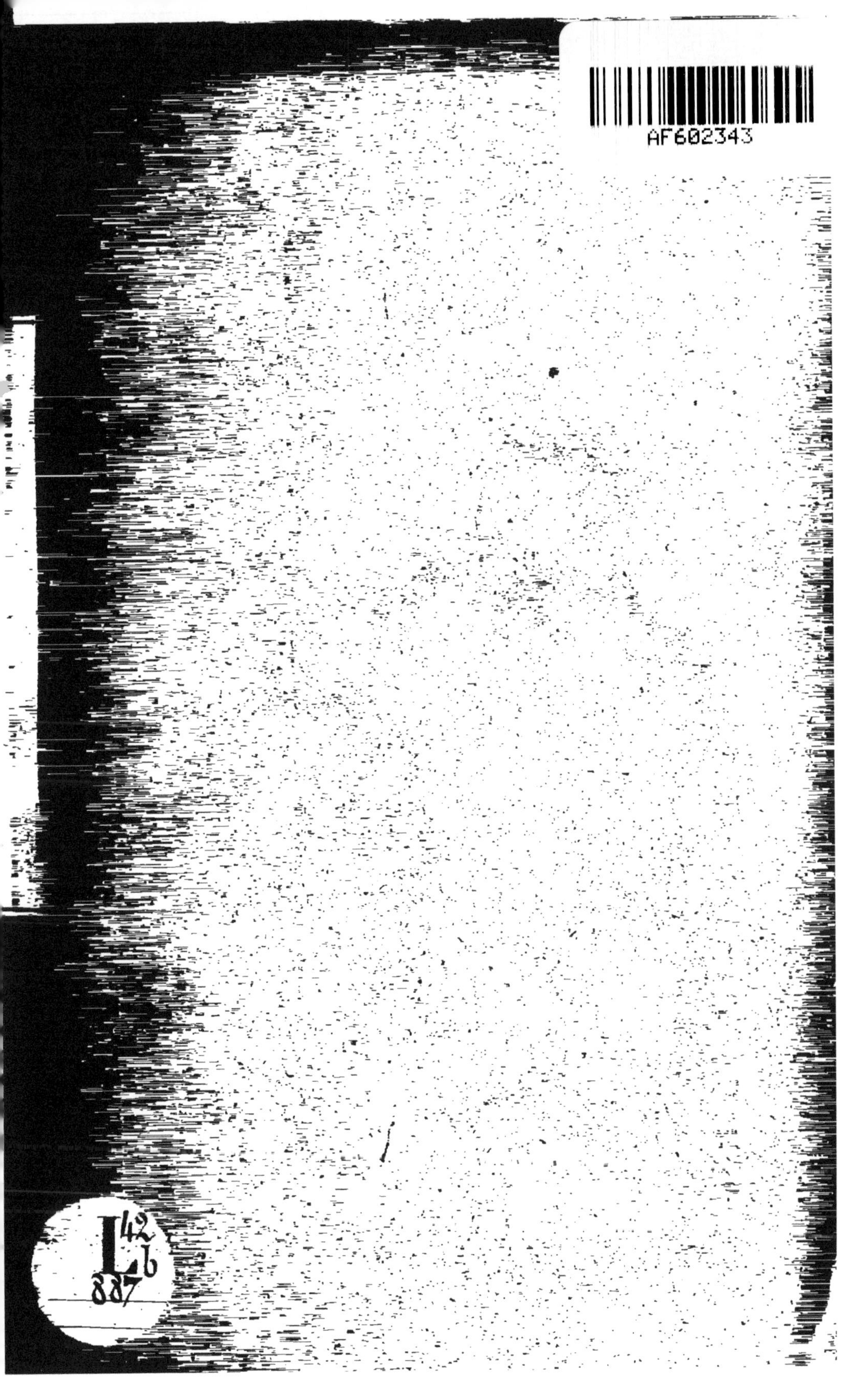
AF602343
L42 b
887

LETTRE

DE

LA FILLE DE LOUIS XVI

A BÉNEZECH.

LETTRE

DE

LA FILLE DE LOUIS XVI

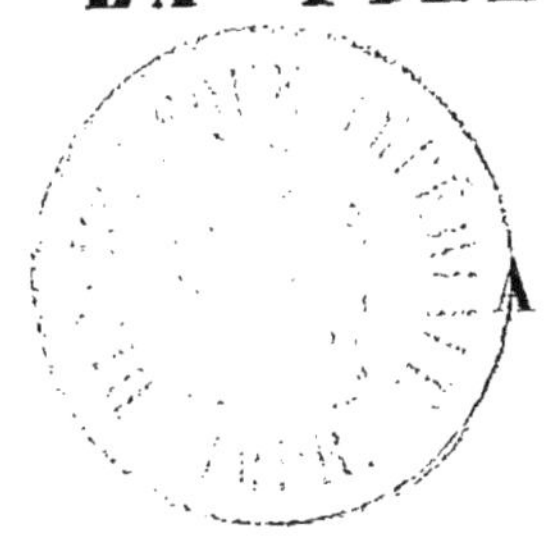

A BÉNEZECH

Ministre de l'intérieur.

Paris

IMPRIMERIE DE Mme VEUVE BOUCHARD-HUZARD,

RUE DE L'ÉPERON, 5.

1867

ce 17 Décembre 1795.

toute réflexion faite, Monsieur, je desire que Mde de Sérent m'accompagne. je rends justice au mérite et à l'attachement de Mde de Soucy pour moi. mais dans la position où je suis, seule, ignorant absolument les manières du monde, j'ai besoin de quelqu'un qui puisse me donner des conseils, et Mde de Serent est celle que je crois la plus capable de m'en donner de bons, j'ai été souvent apportée de la voir, et j'ai reconnu en elle toute les qualités que je désire. si vous ne pouvez me donner qu'une seule femme je demande positivement que ce soit Mde de Sérent, si vous voulez m'en accorder deux je demande aussi Mde de Soucy, pour lui marquer ma reconnaissance des soins que sa mère à pris de moi pendant 14 ans.

Je vous recommande fortement Mr hue, c'est le dernier serviteur de mon père qui soit resté avec lui en prison, mon Père même me l'a recommandé en mourant c'est une dette sacrée que je dois à sa mémoire. il demeure Isle St Louis Quai d'Anjou, il est impossible qu'on ne le trouve pas.

si vous choisissez un de mes deux gardiens pour me suivre, je demande que ce Mr Gomin. il y a plus longtems qu'il est au temple. c'est le premier être qui ait adouci ma captivité. et comme par goût il est très sédentaire je le connais plus que son camarade, et j'ai plus de confiance en lui.

J'espère, monsieur, que vous m'accorderez ces demandes. la promesse obligeante que vous m'avez faite hier de m'accorder tout ce que je demanderois ne me laisse plus de doute pour ces demandes-ci,

Marie, Thérèse, Charlotte

Après la réception, et par suite de cette lettre écrite par la fille de Louis XVI à Bénezech, ministre de l'intérieur, ce ministre fit probablement rechercher M. Hue; on peut lire, dans l'ouvrage de ce dernier intitulé : ***Dernières années du règne et de la vie de Louis XVI***, le récit des rapports qu'eurent ensemble M. Hue et Bénezech.

Cette lettre n'a pas été publiée, que nous sachions; celui qui la possède depuis un grand nombre d'années en a donné copie seulement à trois personnes.

Paris. — Imprimerie de Mme Ve Bouchard-Huzard, rue de l'Éperon, 5. — 1867

www.ingramcontent.com/pod-product-compliance
Ingram Content Group UK Ltd.
Pitfield, Milton Keynes, MK11 3LW, UK
UKHW022212190726
13855UKWH00004B/1715